LES
SIX INTONATIONS

CHEZ

LES ANNAMITES

PAR

A. DES MICHELS

——

PARIS

MAISONNEUVE ET Cⁱᵉ, LIBRAIRES - ÉDITEURS

15, quai Voltaire

—

1869

NOTICE

SUR LES

SIX INTONATIONS DU DISCOURS

CHEZ LES ANNAMITES

La langue des indigènes de l'Annam, de même que celle de l'empire du milieu, présente entre autres particularités trois caractères extrêmement remarquables : une écriture composée de signes figuratifs, une constitution monosyllabique, et des intonations fixes.

Le système des signes figuratifs et le monosyllabisme, intéressants à étudier, offrent un grand intérêt au point de vue de la science philologique, à laquelle ils fourniront peut-être des indications précieuses pour établir les principes de la formation des langues primitives ; mais notre intention est, aujourd'hui, d'appeler l'attention de nos lecteurs sur ces inflexions singulières qui ont fait dire de cette langue qu'elle est un chant perpétuel.

Est-ce bien vrai, et faut-il en conclure que l'on doit être musicien pour parler convenablement l'Annamite? Nous ne croyons pas que nos missionnaires, qui ont, paraît-il, les difficultés les plus grandes pour enseigner à leurs élèves des airs de cantiques fort simples, tant est faible l'organisation musicale de cette race, puissent partager cette manière de voir (1).

Nous examinerons tout à l'heure ce qu'elle renferme de vrai et de faux ; mais pour juger sainement la question, il nous faut d'abord analyser ces intonations, et bien apprécier la valeur qu'elles ont dans le discours et le rôle exact qu'elles y jouent.

Nous leur donnerons les dénominations habituelles de ton aigu, ton interrogatif, ton remontant, ton égal, ton grave et ton descendant, et nous suivrons, dans l'examen que nous allons en faire, l'ordre dans lequel nous venons de les désigner, partant de la plus haute dans l'échelle de la voix, et descendant successivement jusqu'à la plus grave.

L'effet du ton aigu, qui se marque au moyen de l'accent du même nom placé sur le mot qui en est affecté,

có ; đến ; chúa ; nói,

n'a pas, que nous sachions, d'analogue dans notre langue. On peut s'en rendre un compte à peu près exact en le comparant au ton grave, par rapport auquel il se trouve à l'octave supérieure. Cette intonation nous paraît, en conséquence, être très nettement musicale.

Les Annamites de la classe instruite appuient moins sur

(1) Il est bien entendu que nous n'entendons parler ici que des inflexions usitées dans la conversation, et non celles de la déclamation ou de la psalmodie religieuse. Les Annamites ont une musique monotone dans laquelle, dit M. Lemire, auteur d'un excellent livre sur la Cochinchine et le Cambodge, *il n'y a que cinq tons, sans demi-tons ni accidents.* Ils sont observateurs de la mesure, mais ne terminent pas leurs morceaux sur la tonique, ce qui fait qu'on ne sait pas trop quand un air finit.

(*Cochinchine française et royaume de Cambodge,* p. 286).

cette intonation, comme, d'ailleurs, sur toutes en général (1).

Le deuxième ton a été, à très juste titre, désigné sous le nom d'intonation interrogative. Il représente en effet, à peu de chose près, l'inflexion de voix d'une personne à qui l'on raconte une chose qui lui paraît devoir être révoquée en doute, et qui répond « vous croyez? » dans la dernière syllabe du second de ces mots. Aussi marque-t-on cette intonation au moyen d'un petit point d'interrogation placé au-dessus du mot :

chăng; phai; ɗê; bo; ke.

La troisième intonation, ou ton remontant, se rapproche beaucoup de la seconde. Cela est si vrai, que les Annamites eux-mêmes prennent très fréquemment l'une pour l'autre; ce qui ne doit pas laisser que d'embarrasser quelque peu les commençants, qui, lorsqu'ils ne sont pas avertis de cette tendance, peuvent prendre pour deux mots distincts le même mot écrit, dans deux livres différents, avec l'accent de ces deux tons voisins. On l'indique au moyen d'un tilde :

cūng; ɗā; cũ'a; nō'.

Quant à son analogue dans les inflexions de la langue française, on peut le trouver dans l'accentuation d'une personne qui exprimerait un sentiment de surprise mêlée d'une certaine satisfaction admirative, comme l'interjection « ah! », dans la seconde de ces deux phrases : « X. a chanté hier

(1) « Chez les enfants et les individus illettrés », nous dit M. I. de Rosny, un des auteurs du *Tableau de la Cochinchine*, « et surtout dans les petites villes éloignées des grands centres, les intonations sont très fortement indiquées dans le langage, qui devient une sorte de chant perpétuel, bizarre et inimitable pour un Européen qui ne s'y est pas habitué par une certaine pratique. »

Faust avec un talent vraiment remarquable ». — « Ah ! je ne
l'aurais pas cru (1) ! » Ou bien, quand il affecte une syllabe
brève, comme dans l'interjection approbative : « Très *bien !* »
dite dans le sens de : « Il n'y a rien à dire ».

Le « how ! » des Anglais peut encore en donner une idée.

Dans cette intonation, la voix descend d'abord d'une manière analogue à ce qui se produit dans le ton descendant,
mais part de plus haut, et descend relativement moins bas :
puis elle remonte comme dans le ton interrogatif, mais s'ar-
rête à un point moins élevé de l'échelle.

Le ton égal est caractérisé par l'absence totale d'inflexion.
La voix, partant à peu près du même point de l'échelle
qu'elle le fait dans le ton remontant, se prolonge uniformé-
ment sans monter ni descendre. Il ne se marque pas ; le seul
fait de l'absence de tout signe particulier indique suffisam-
ment que le mot qui en est privé doit être prononcé au ton
égal ; comme, par exemple, les mots :

Qua ; tôi ; xa ; thiên ; cho.

Cette intonation est très fréquente dans notre langue ;
elle se rencontre, soit dans le corps des phrases, soit sur les
syllabes qui forment la demi-cadence qui précède la virgule en français, comme on peut en voir des exemples dans
les syllabes en italique et marquées 1 et 2 des vers suivants :

« Après le doux espoir d'*une* [1] *telle* [1] promesse,
« Repren*ons* [2], chères sœurs, une entière allégresse. »

Il est beaucoup plus difficile de rencontrer, en français,
l'analogue du cinquième ton, ou ton grave. Cependant, on
pourrait peut-être le trouver dans certains passages de poé-

(1) Cette intonation se rencontre peut-être plus fréquemment
chez les femmes.

sie, déclamés avec emphase, de manière à en faire ressortir l'effet majestueux ; tels sont ces vers de la pièce intitulée : l'*Enthousiasme,* de Lamartine :

> « Ainsi, quand l'*aigle du tonnerre*
> « Enlevait Ganymède aux cieux,
> « L'enfant, s'attachant à la terre,
> « Luttait contre l'oiseau des cieux. »

. . . .

Ou bien encore dans les inflexions d'un orateur qui, après une période très accentuée et prononcée avec chaleur, reprend un autre sujet sur une tonalité plus basse, et en ralentissant son débit ; effet que l'on peut rencontrer souvent dans le style de la prédication religieuse.

Ce ton, le seul avec le ton aigu qui nous paraisse, pris isolément, *être absolument musical,* se marque d'un point placé au-dessous du mot :

> *Đoạn; hạ; lạy; lại; phạm; một.*

Enfin le sixième ton, ou ton descendant, qui se marque par un accent grave placé au-dessus des mots, comme dans ceux-ci :

> *làm; cùng; mà; nhiều; càng,*

se rencontre chez nous dans le repos de la voix qui marque la cadence complète des fins de période, avant le point ou le point et virgule, par exemple. Telles sont les syllabes en italique des vers suivants :

> « Je sais qu'aux yeux du monde il doit paraître rude
> « De quitter les douceurs d'une longue habi*tude*. »

. . . .

> « Résiste dès l'entrée aux inclinations
> « Que jettent dans ton cœur tes folles pas*sions*. »

Ces six intonations, en se combinant entre elles de différentes manières, forment des espèces de séries qui présentent chacune leur caractère particulier, et qui, faisant sur l'oreille une impression originale et bien définie, sont peut-être susceptibles de se graver dans l'esprit plus facilement que les intonations isolées, en offrant pour ainsi dire à la mémoire comme des jalons ou des points de repère. Parmi ces associations d'accents ou de tons, il en est trois principales que l'on peut encore retrouver dans notre langue; ce sont :

1° L'association de l'accent aigu avec l'accent descendant :

thứ' mu'ờ'i,

qui ressemble considérablement au mot « très bien », exprimant une approbation complète, manifestée après une attente d'une certaine durée, pendant laquelle l'attention a été soutenue, bien que le résultat ne fût pas mis en doute. Ces deux mots seront, par exemple, prononcés avec cette intonation particulière *(très bien)* par un spectateur qui vient d'écouter une cantatrice disant sur une scène lyrique un morceau remarquable et difficile d'un opéra quelconque; c'est encore avec les mêmes inflexions que les *dilettanti* des Italiens manifestent leur satisfaction en s'écriant : « Bravo! » ou « Brava! »

Le mot « horreur! » prononcé d'une manière un peu théâtrale, peut encore donner l'impression de ces deux accents.

2° L'association du ton égal avec le ton descendant. Celle-ci est extrêmement commune, et se présente à la fin du plus grand nombre des phrases. C'est, à vrai dire, la cadence complète de la phrase affirmative et des phrases impératives ou prohibitives composées de deux membres. Ainsi, dans celle-ci :

« Quand vous aurez fini, vous me le *direz* »,

Et dans les vers de Corneille cités plus haut :

« Résiste dès l'entrée aux inclinations
« Que jettent dans ton cœur tes folles *passions*. »

Les mots *direz, passions,* nous paraissent affectés de ces deux intonations : *dirèz, passiòns.*

3° L'association des deux accents égaux peut se rencontrer aussi ; ainsi, par exemple, dans le dernier mot de cette phrase :

« Ne faites pas *cela !* »

prononcée d'un ton persuasif. Les deux syllabes ce–la, sont à peu près affectées du ton égal. Le premier mot de la phrase, au contraire, nous semble affecté de l'intonation aiguë adoucie :

« Ne faites pas cela ! »

Il serait peut être possible, en étudiant attentivement le débit de la phrase française en général, d'y surprendre encore d'autres séries d'intonations qui présenteraient un caractère de parenté frappant avec celles de la langue annamite (1) :

(1) Voici, comme exemple, des phrases annamites dont la cadence finale est fort analogue aux cadences de la phrase française :

nói đều ấy đoạn bèn qua đời.
Càng phạm tối, thì càng xa nu'ở'c thien đàng.
hãy di cho mau.
đi đến cùng thầy,

et une cadence qui ressemble beaucoup à celle qui termine d'ordinaire les phrases prononcées par les personnes qui ont un accent normand prononcé :

Đức Chúa Trời xuống cho thiên hạ nhiều o'n.
Tôi nói làm vậy, chớ anh nói làm sao.

Nous pouvons à présent aborder en parfaite connaissance de caus? cette fameuse question du chant perpétuel, qui constituerait la langue parlée des Cochinchinois.

Monseigneur Taberd, dans l'excellent *Grammaticæ compendium* qui précède le dictionnaire annamite latin, donne une série de notes musicales qui, avec ou sans appoggiatures ou plutôt *ports de voix,* représenteraient « *à quelque différence près* », les intonations annamites ; ces notes étant prises soit dans la tonalité de *do* majeur, soit dans celle de *ré* mineur, suivant le degré d'élévation individuelle de la voix.

D'après cet auteur, l'intonation aiguë serait représentée dans la première tonalité par le *do* écrit au milieu de la portée ; l'interrogative par le port de voix du *sol* sur le *si ;* la remontante, par le port de voix du *sol* sur le *la ;* l'égale, par le *sol ;* la descendante, par le *mi* avec appoggiature du *fa ;* enfin, la grave, par le *do* inférieur :

Dans le ton de *ré* mineur, qui est celui du second exemple, les intervalles sont les mêmes, les noms des notes seuls changent, la tonique étant différente.

Ce système est fort ingénieux, et si on l'adoptait, il suffirait d'être un peu musicien et de savoir passablement solfier pour saisir immédiatement les six accents cochinchinois. Malheureusement, tout en étant très faciles à percevoir à l'audition, ils sont beaucoup moins aisés à comprendre, quand il s'agit de les représenter sur le papier.

Une excellente preuve de ce que nous avançons, serait

peut-être, comme nous l'avons dit, la difficulté énorme qu'éprouveraient les missionnaires pour faire retenir à leurs élèves les airs des cantiques les moins compliqués. En serait-il ainsi, si la langue annamite se prononçait au moyen d'une série de notes reproduisant, moins un seul ton, toute la gamme? Un peuple qui parlerait d'après ce procédé ne posséderait-il pas une organisation musicale remarquable?

Tout n'est pas cependant inexact dans cette notation; nous verrons tout à l'heure qu'en effet le ton dit grave est bien avec le ton aigu dans un rapport musical d'octave, et à la rigueur, *dans certaines circonstances données,* dans celui de tierce majeure avec le ton égal.

Hâtons-nous de dire que nous ne croyons pas que Monseigneur Taberd ait voulu attribuer à son système de notation musicale une exactitude extrême et une importance considérable. Il l'a considéré plutôt comme un simple terme de comparaison, que comme un critérium inflexible. Cet auteur dit, en effet, lui-même, que sa comparaison n'est pas si exacte qu'il n'y ait quelque différence avec la réalité, et que les personnes qui étudient la langue annamite, « *en apprendront plus en écoutant parler trois ou quatre fois un maître habile, que par mille indications écrites* ». Aussi n'est-ce en aucune façon pour attaquer un ouvrage extrêmement remarquable, et, dont l'immense valeur scientifique ne peut être diminuée par quelques inexactitudes, que nous écrivons ces quelques lignes d'appréciation ; mais bien pour prémunir les personnes qui voudront étudier cette question des tonalités annamites, contre une interprétation trop rigoureuse de l'exemple musical de Monseigneur Taberd, et pour tenter d'approcher de la vérité un peu plus encore, s'il est possible. Pour nous rendre un compte exact de la valeur de chacune de ces six intonations au point de vue musical, il est nécessaire que nous les examinions séparément, et l'une après l'autre.

L'intonation aiguë nous paraît essentiellement musicale, soit qu'elle affecte un monosyllabe isolé, ou bien un mono-syllabe terminant une période (c'est-à-dire suivi d'une ponctuation quelconque), soit qu'on la rencontre suivie d'une autre, telle que, par exemple, l'intonation égale :

ba ngàn súng tay

ou bien, la grave :

ba ngàn súng tru;

comme nous l'avons déjà dit, elle nous semble être à une octave exacte de l'intonation grave :

súng tru

et à une sixte mineure de l'intonation égale, dans les cas où cette dernière devient elle-même musicale, c'est-à-dire quand elle est suivie elle-même d'une autre intonation, comme dans les mots suivants :

' *chịu khó khăn vậy*

L'intonation interrogative n'est jamais musicale; elle procède, en effet, par intervalles insensibles; or, on sait que la musique moderne *européenne* n'admet pas d'intervalles moindres qu'un demi-ton. Elle aurait au contraire pu l'être dans la musique des Grecs anciens, qui, paraît-il, auraient possédé des gradations ascendantes et descendantes de cette nature.

Les mêmes observations s'appliquent au ton remontant et au ton descendant.

Quant à l'intonation égale, nous pensons qu'il faut distinguer. Non musicale, quand elle est isolée ou qu'elle termine une période,

> *thôi!*
> *naò thâý có hay ꝺâu?*

elle le devient dès qu'elle en précède une autre, surtout la grave :

> *chúng* tôi *chăng biết sự'âý* cho *thật.*

Cette dernière est la seule, avec l'aiguë, qui nous paraisse en tout et partout essentiellement musicale ; et cela, aussi bien quand elle est isolée que lorsqu'elle est associée à d'autres.

> *da!*
> Cong lai *là* mòt *muốn tám ngàn tâm* bac.

Nous croyons devoir faire ici une observation sur le rapport qui existe, dans l'échelle naturelle de la voix, entre cette intonation grave et l'intonation descendante. Si l'on s'en rapporte à la notation musicale de Mgr Taberd, il faudrait admettre que cette dernière est plus élevée que la grave, puisqu'elle est représentée par les deux notes *fa-mi,* tandis que l'intonation grave est figurée par le *do.* Or, le peu de pratique que nous avons de la prononciation annamite nous autorise à ne pas admettre une pareille notation. Il nous semble avéré que, si l'on prend le *do* de l'octave inférieure comme note représentative de l'intonation grave, il faut figurer l'intonation descendante par le *si* bémol et le *la* qui se trouvent au-dessous dans la partie musicale ; non pas, bien entendu, pour exprimer exactement l'inflexion de ce ton descendant ; car, comme nous l'avons dit plus haut, il n'est en aucune façon musical, mais pour indiquer sa place dans l'échelle d'acuité de la voix. En effet, dans la série composée du ton descendant et du ton grave, la voix, après avoir attaqué au-dessous du *do*, baisse de plus en plus, pour remonter subitement comme par un saut sur le *do* qui marque le ton grave ; comme par exemple dans l'expression

làm vây (ainsi),

si fréquemment employée par les Annamites.

D'après les observations ci-dessus, nous inclinerions à modifier de la manière suivante l'échelle de Mgr Taberd :

le ton descendant serait indiqué par le *si* et le *la* inférieur, le ton grave par le *do* inférieur ; le ton égal par le *mi* ; le ton remontant par *mi, ré, la* ; le ton interrogatif par *mi, sol, si* ; enfin, le ton aigu par le *do*.

Il est bien entendu que les tons écrits par plusieurs notes n'exprimeraient en aucune façon des valeurs musicales, mais la position relative de la voix ; et que, parmi les notes simples, le *do* seul représente une intonation constamment musicale, le *mi* ne l'étant que dans le cas déterminé ci-dessus.

En somme, on peut voir que, par l'effet des différentes combinaisons de ces tons les uns avec les autres, tel membre de phrase peut être entièrement chanté, tel autre simplement parlé, et tel autre enfin à moitié l'un, à moitié l'autre.

Un membre de phrase sera entièrement chanté ou musical.

s'il se compose uniquement des trois intonations marquées
par des notes simples dans notre échelle, c'est-à-dire de
la grave, de l'égale et de l'aiguë. Tels sont, par exemple, les
passages en caractères romains des phrases suivantes :

Rày chúng tôi *phai tro' vê mà* tàu ca'c viêc lai
cho *ðú'c bê* trên *hay.*

cái ta sau sô'ng lai, ai *mà chang tin?*

Un membre de phrase sera entièrement parlé, s'il est com-
posé uniquement des intonations marquées par des notes
noires, c'est-à-dire de la descendante, de la remontante et
de l'interrogative :

muôn cùng chăng muôn, thì cũng phai làm.

il sera enfin à moitié chanté et à moitié parlé, s'il présente
les différentes intonations mélangées

ðê cho tôi nói ðā.
*ngu'ô'i bên tây chăng ðang mua bán giông
gì trong cū'a nây.*

Peut-être ce mélange d'intonations musicales, avec d'autres
qui ne le sont pas, n'est-il pas sans être, au moins pour
quelque chose, dans le manque de dispositions que présenteraient les Annamites pour apprendre la musique telle que
nous la comprenons. D'un autre côté, cette même particularité
est susceptible d'imprimer à leur musique nationale un caractère tout à fait tranché, et il serait curieux de rechercher
si la similitude des trois intonations inégales de leur langue
avec certaines intonations de la musique des anciens Grecs,
n'amènerait pas dans le génie mélodique de ces deux peu-

ples, séparés par tant de siècles et tant de contrées, des analogies inattendues (1).

Nous venons d'exposer notre manière de voir sur le système des tons cochinchinois. Nous ne prétendons pas l'im-
poser et en soutenir l'exactitude nonobstant toute preuve
du contraire. Ce que nous en avons dit dans cet article n'est
autre chose que l'exposé consciencieux des impressions qu'a
fait naître en nous la pratique raisonnée de la prononciation de l'Annam ; et si quelque autre que nous peut faire
mieux, nous l'en féliciterons sincèrement dans l'intérêt
du progrès de la science philologique.

A. des Michels,

Professeur de langue annamite à l'École
annexe de la Sorbonne.

---

(1) Si les observations de M. Lemire sont bien complètes, ces
analogies n'existeraient pas. On les retrouverait peut-être, en
revanche, dans la musique des Japonais.

PARIS. — TYP. ALCAN LÉVY, BOULEVARD DE CLICHY, 62.

10057. — Paris, Typographie Alcan-Lévy, boulevard de Clichy, 62.

www.ingramcontent.com/pod-product-compliance
Lightning Source LLC
LaVergne TN
LVHW021908180726
843502LV00008B/2949